AF252536

Illisibilité partielle

Couverture inférieure manquante

Original en couleur

NF Z 43-120-8

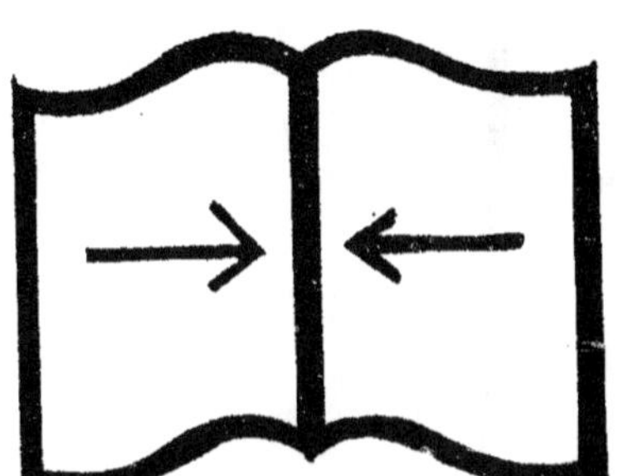

RELIURE SERREE
Absence de marges
intérieures

M. FRÉDÉRIC MALBRANCHE

(1819-1903)

PAR

M. L'ABBÉ PORÉE

Curé de Bournainville

BRIONNE

Imprimerie E. AMELOT

1904

M. FRÉDÉRIC MALBRANCHE

(1819-1903)

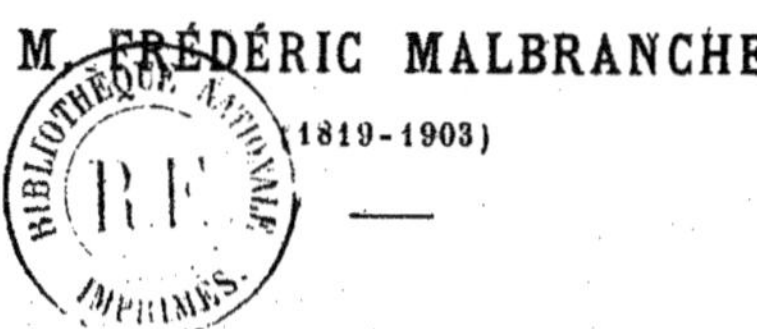

M. FRÉDÉRIC MALBRANCHE

(1819-1903)

PAR

M. L'ABBÉ PORÉE

CURÉ DE BOURNAINVILLE

BRIONNE

Imprimerie E. AMELOT

1901

M. FRÉDÉRIC MALBRANCHE

(1819-1903)

Des divers traits qui caractérisent l'homme et servent à déterminer sa valeur morale, l'un des plus rares, comme aussi l'un de ceux pour lesquels nous ressentons une légitime admiration, est l'unité de la vie dans une égalité constante de mérites et de vertus. Se tenir ferme et marcher sans défaillance dans le droit chemin de la conscience et du devoir ; être capable, tout en côtoyant l'égoïsme des uns et l'indifférence des autres, de demeurer toujours indulgent et serviable ; offrir, dans le cours d'une vie longue et non exempte d'épreuves, un modèle d'intégrité professionnelle, de labeur incessant, de modeste réserve et de bienveillante courtoisie : voilà, certes, un ensemble de dons et de qualités qui n'a rien de banal. Tel est pourtant, dans ses grandes lignes, le portrait que l'on pourrait tracer de l'homme distingué et respecté entre tous que fut M. Malbranche.

Issu d'une vieille famille bernayenne, notre compatriote garda toujours au cœur une affection profonde pour sa ville natale ; non seulement il y voulut passer toute sa vie, mais il consacra de longues années à en compulser ou à en écrire les annales.

Frédéric Malbranche est né à Bernay, rue d'Orbec, le 11 décembre 1819. Après d'excellentes études au collège de Bernay, il se rendit à Paris, passa son baccalauréat ès-lettres à la fin de 1841, et entra chez M⁰ Legendre, avoué de première instance, où il resta jusqu'à la fin de 1844. La procédure ne l'empêchait pas d'étudier les principes généraux et les sources du droit ; le 2 février 1844,

Il était reçu bachelier en droit. De janvier 1845 à juillet 1846, il est attaché à l'étude de M° Guillain, avoué à Rouen.

Nommé par ordonnance royale du 8 septembre 1846 greffier du Tribunal de Commerce de Bernay, en remplacement de son oncle, M. Oursel, il prêta serment en cette qualité le 25 septembre de la même année. Il devait occuper cette charge jusqu'au 2 juin 1882, c'est-à-dire pendant trente-six ans.

Avec quelle compétence et quelle distinction M. Malbranche s'acquitta de ses fonctions, des voix autorisées l'ont dit, au jour de ses obsèques, en des termes que l'on n'a pas oubliés.

« Il les a remplies, disait M. Rousseau, président du « Tribunal de Commerce, avec un zèle, une intelligence et « un dévouement auxquels nos prédécesseurs et nous-« même avons toujours été heureux de rendre un sincère « et éclatant hommage. »

« M. Malbranche, ajoutait M. Mignon, greffier du « même Tribunal, fut l'un des premiers à répondre à « l'appel fait en 1870 pour fonder l'Association des greffiers « de Commerce, et lors de la première séance, ses collè-« gues, conquis par son savoir et sa modestie, le nommè-« rent membre de la Commission. Moins de trois ans après, « il remplaçait comme président M. Laroze. C'est avec un « zèle, une autorité, un dévouement que tous ses collègues « se sont plu à reconnaître, qu'il dirigea les travaux de la « Commission et prit en main la défense de leurs intérêts. « Greffier intègre et éclairé, il mit toujours au service de « la corporation son expérience consommée des affaires et « ses connaissances approfondies de la législation. »

Au mois de juin 1880, forcé par l'état de sa santé de résigner ses fonctions de président de la Commission, M. Malbranche fut nommé par ses collègues président honoraire. A cette occasion, ils lui offrirent un bronze d'art, le *Moïse* de Michel-Ange, sur le socle duquel était gravée cette inscription : « *A M* Malbranche, Président de la Commission, les Greffiers des Tribunaux de Commerce reconnaissants. 1870-1880* » ; puis, en mémoire de son honorariat, une grande médaille d'argent avec ces mots à la frappe : « *A Monsieur Malbranche, Président honoraire de la Commission, les Greffiers des Tribunaux de Commerce. 1873-1880.* »

Les connaissances aussi variées qu'approfondies que possédait M. Malbranche, l'activité de son esprit, la rectitude de son jugement, comme aussi l'aménité de son caractère, attirèrent l'attention des autorités administratives et les suffrages de ses concitoyens. Il suffisait que l on fît appel à son dévouement ; jamais il ne se déroba à une tâche (1). Travailler pour rendre service, c'était bien là sa devise ; et s'il ne l'arbora pas dans des professions de foi retentissantes, il fit beaucoup mieux : il la mit en pratique durant tout le cours de sa longue carrière.

C'est une véritable nomenclature qu'il nous faudrait dresser ici. Nous le voyons délégué cantonal de 1872 à 1881, avec les fonctions de secrétaire ; conseiller municipal pendant vingt-huit années consécutives, du 18 août 1860 au 6 mai 1888 ; membre de la commission administrative de l'Hospice pendant huit ans ; membre du conseil de perfectionnement du Collège pendant six ans ; membre de la commission administrative de la Bibliothèque municipale dont il avait dressé et fait imprimer le catalogue.

Il est un point sur lequel il convient de ramener particulièrement l'attention, comme la reconnaissance, des concitoyens de M. Malbranche, car il s'agit ici d'un labeur ingrat, fatigant, absolument désintéressé de la part de celui qui eut le courage de l'entreprendre et de le mener à fin.

Depuis l'époque de la Révolution, les greniers de l'Hôtel de Ville abritaient, dans un informe chaos, un amas d'an-

____

(1) En 1870, M. Malbranche s'enrôla dans la garde nationale, et prit part, avec la 8ᵉ compagnie, au combat du 21 janvier 1871. Il a laissé, à ce sujet, quelques pages manuscrites.

ciennes archives ainsi que le résidu considérable des bibliothèques monastiques déposées alors au chef-lieu du
district. De 1862 à 1866, M. Malbranche procéda au classement de la Bibliothèque. En 1878, il en publiait le catalogue qu'il faisait précéder d'une intéressante notice où
étaient racontées les nombreuses vicissitudes qu'avait con-
nues ce dépôt de livres avant de devenir l'une des princi-
pales bibliothèques municipales de notre département.

En même temps, il préparait le classement des Archives
communales. Le Préfet de l'Eure écrivait en 1865 au
Maire de Bernay : « M. le Ministre me charge de trans-
« mettre par votre intermédiaire à M. Malbranche, gref-
« fier du Tribunal de Commerce, l'expression de sa satis-
« faction pour le zèle dont ce fonctionnaire a fait preuve
« dans le classement de vos archives communales, et de
« l'engager à terminer l'œuvre qu'il a si heureusement
« commencée. » Les travaux de classement durèrent quatre ans. Dans une nouvelle lettre du Ministre au Préfet, à
la date du 19 janvier 1869, on lisait encore : « Il résulte
« d'un rapport de M. l'Inspecteur général Francis Wey
« sur les archives communales de Bernay, que le classe-
« ment et l'inventaire entrepris par M. Malbranche, gref-
« fier du Tribunal de Commerce, se poursuivent d'une
« manière satisfaisante. Il est seulement à désirer que les
« articles soient moins considérables, ce qui ramènerait
« le sommaire à des proportions plus restreintes et en
« harmonie avec l'importance des documents. »

M. Malbranche ne s'était pas contenté du classement
sommaire des Archives communales ; il en avait dressé un
inventaire détaillé et en avait tiré, pour son usage, des
analyses complètes ou de longs extraits qui devaient lui
servir pour des travaux demeurés manuscrits, et dont
nous parlerons tout à l'heure.

Cette méthode de lecture et de travail révèle chez son
auteur une activité vraiment surprenante. Il ne lisait rien
sans prendre des notes parfois fort étendues. Ainsi se

formaient de nombreux dossiers où se trouvaient consignées des notions précises sur les matières les plus diverses : histoire générale et locale, usages anciens, biographie, archéologie monumentale, science héraldique et paléographique, sigillographie, céramique, etc.

Il est vrai que si l'on considère la masse de matériaux qu'il avait réunis, on peut dire, avec regret, que M. Malbranche a relativement peu produit ; mais, par contre, tous ses opuscules sont marqués au coin d'une perfection rare. Comme l'a fort bien fait remarquer un excellent juge en ces matières, M. L. Régnier, « il a su mettre dans ses « écrits plus d'une qualité dont les écrivains de profession « se figurent trop souvent détenir le monopole ; l'exacti- « tude de la documentation, la justesse des aperçus, la « grâce, le charme, la légèreté de la forme s'y réunissent « dans le plus harmonieux équilibre ; ce sont des œuvres « d'un goût très fin autour desquelles la modestie de l'au- « teur n'a pas cherché à faire le bruit. Il lui suffisait du « suffrage de quelques amis lettrés qui auraient voulu, « d'ailleurs, que l'auteur leur donnât plus souvent l'occa- « sion d'admirer les productions de sa plume délicate et « bien inspirée (1) ».

Sa première étude est une *Notice sur l'Hospice de Bernay*, parue sans nom d'auteur en 1861. Elle fut suivie, en 1869, de la *Notice sur le Couvent des Pénitents de Bernay*. Ces ouvrages de début, mais d'un débutant dans toute la maturité de son talent, montrent des aptitudes rarement réunies dans le même individu : l'amour passionné des recherches, l'assiduité du travail et tous les scrupules d'une érudition consciencieuse.

Entre les dates que nous venons de rappeler se placent deux faits marquants de nos annales locales à l'occasion desquels M. Malbranche déploya les ressources de son intelligence et de son dévouement.

(1) Article nécrologique dans le *Courrier de l'Eure* du 9 janvier 1904.

Lorsque, dans la séance administrative du 9 mars 1863, le bureau de l'Association normande, siégeant à Caen, décida de tenir sa session annuelle à Bernay au mois de juillet suivant, M. de Caumont désigna M. Malbranche comme secrétaire de la commission d'organisation. On se souvient encore de l'éclat extraordinaire, de l'entrain superbe au milieu desquels ces fêtes agricoles et scientifiques se poursuivirent durant plusieurs jours. Dans l'une des séances, M. de Caumont remercia chaleureusement M. Malbranche, commissaire général du congrès, et il termina en annonçant que le conseil administratif lui avait décerné une médaille de vermeil « pour l'intelli- « gence, le zèle et le dévouement dont il a fait preuve « dans la classification des ouvrages de la Bibliothèque « communale de Bernay et la rédaction du catalogue ». Ces paroles furent accueillies par d'unanimes applaudissements. A la suite du congrès de Bernay, M. Malbranche fut nommé inspecteur divisionnaire de l'Association normande.

Une section de la Société libre de l'Eure pour l'arrondissement de Bernay avait été établie sous la présidence de M. le duc de Broglie, de l'Académie française. Dans la séance du 28 février 1864, M. Malbranche fut élu secrétaire ; il en tint les fonctions jusqu'au 25 mai 1872. Nul d'entre nos confrères ne saurait oublier l'attachement dévoué qu'il témoigna fidèlement à la Société. Non seulement il prenait part à nos séances, mais il leur donnait de temps en temps, trop rarement au gré de ses amis (1), un attrait exceptionnel par ses communications dont il aimait à puiser le sujet dans l'histoire locale. Voyait-on figurer au programme le nom de M. Malbranche, on pou-

(1) Le 25 février 1882, M. Charles Vasseur, l'archéologue normand bien connu, lui écrivait : « Pourquoi donc êtes-vous « si sobre de productions ? Vous réussissez trop bien pour ne « point aimer ces travaux, et vos amis et vos lecteurs vous « sauraient un gré infini de leur faire passer plus souvent de « bons instants à vous lire ».

vait se promettre un régal littéraire, et l'attente des au-
diteurs n'était jamais déçue.

Il lut ainsi à la Société de l'Eure ses rapports si précis
et d'allure si personnelle sur les biographies des évêques
anglo-normands Roger-le-Grand et Guillaume de Long-
Champ, œuvres remarquables du Premier Président Boivin-Champeaux. Je me garderai bien d'omettre celui qu'il
accepta de faire sur l'Abbaye du Bec au xviiie siècle.
C'était vraiment une bonne fortune et un honneur d'avoir
pour rapporteur et pour juge un écrivain aussi distingué
et d'une urbanité si courtoise.

A ces rapports j'ajouterai la *Notice sur Bréant, sa vie
et ses œuvres*, qu'il écrivit avec amour, parce qu'il était
charmé, j'en suis sûr, d'avoir à louer dans son héros des
qualités pour lesquelles il éprouvait lui-même les plus
vives sympathies : la bienveillance, la modestie, l'honnê-
teté et le culte des lettres. Cette étude précédait le recueil
des poésies de Bréant dont M. Malbranche donna l'édition
sous les auspices de notre Société. Et encore cette *Causerie si spirituelle et si amusante à propos de quelques
enseignes du vieux Bernay*; et le *Procès de chasse au
XVIIIe siècle*, au sujet d'un lièvre... manqué, et qui dura
sept ans; et la *Notice sur Languet de Gergy, abbé commendataire de Bernay*, qui fit construire l'église Saint-
Sulpice de Paris; et la *Notice sur l'abbé Bessin*, poète à
ses heures, que son ami l'abbé Delille venait voir dans
son presbytère de Plainville et où il aurait fait, dit-on,
une partie de sa traduction des Géorgiques.

Cette étude, d'un caractère très littéraire, fut lue à la
séance du 30 décembre 1888; ce fut la dernière publica-
tion de M. Malbranche.

Toutefois, l'espèce de retraite où le confinait l'état de
sa santé, ébranlée par de graves accidents, ne l'empêchait
pas de poursuivre ses études favorites; il semblerait même
que son activité en fût doublée. Grâce à une très obli-
geante communication au sujet de laquelle nous expri-

mons ici toute notre reconnaissance (1), nous avons pu compulser les nombreux manuscrits laissés par M. Malbranche. Vingt-six sont entièrement terminés ; quelques-uns formeraient un gros volume ; ils ont été rédigés de 1890 à 1898. Les sujets en sont des plus variés ; nous ne mentionnerons que les plus importants, l'ensemble devant figurer dans un appendice bibliographique.

A l'histoire locale proprement dite se rattache d'abord un mémoire sur la *Sépulture de Judith de Bretagne*, découverte au mois de février 1861 dans l'antique église des Bénédictins. Lorsque la question de l'authenticité de ce tombeau se fut aussitôt posée, M. Malbranche la défendit dans les journaux du temps, motivant son opinion par des arguments historiques et l'appuyant sur les rapports médicaux de sommités scientifiques. M. Malbranche était dans le vrai, et sa dissertation définitive développe d'une manière irréfutable les preuves en faveur de l'authenticité de la sépulture de la femme de Richard II, duc de Normandie.

Il ne faudrait pas s'arrêter au titre : *Simples notes pour servir à l'histoire des Cordeliers de Bernay* ; c'est en réalité une notice très documentée au point de vue local sur ce couvent fondé en 1275, et dans laquelle sont consignés de curieux détails sur un procès de voisinage avec les Bénédictins, sur la confrérie de Charité des Cordeliers, sur celle de saint Crépin et saint Crépinien qui avait son siége dans la chapelle, sur la suppression de la petite communauté en 1790, enfin sur la démolition des bâtiments conventuels et de la chapelle que nous avons vue autrefois servir de salle de théâtre.

Dans le même ordre d'études et de recherches rentrent les *Notices sur les Dames Augustines du couvent de la Comté* (aujourd'hui le Collège), fondé en 1638, et sur les *Religieuses hospitalières de l'Hospice de Bernay*,

(1) Les manuscrits et notes laissés par M. Malbranche m'ont été communiqués par Mme Ernest Masselin, née Malbranche,

fondé en 1697 par Madame de Ticheville ; elles y demeurèrent jusqu'en 1830, époque à laquelle elles furent remplacées par les Filles de la Charité de saint Vincent de Paul.

Mentionnons encore une étude sur les *Ermitages ou Chapelles de Saint-Marc ou de Saint-Léger de la Forêt*, près de Serquigny, *de Saint-Lubin de Bernay et de Plasnes*.

Les Mémoires et notes pour servir à l'histoire du département de l'Eure, par Auguste Le Prévost, le Dictionnaire historique de l'Eure par Charpillon et Caresme, le Dictionnaire topographique par le marquis de Blosseville sont bien connus de tous ceux qui s'occupent de notre histoire locale : ils y ont pu constater d'inévitables lacunes. M. Malbranche tenta de reprendre en sous-œuvre l'ensemble de cet immense travail, en le limitant, d'ailleurs, aux six cantons de l'arrondissement de Bernay, y ajoutant le résultat de ses recherches personnelles dans les archives communales, dans les monographies et les publications spéciales. Son manuscrit, qui a pour titre *Dictionnaire topographique et historique de l'arrondissement de Bernay*, forme un volume de 905 pages ; il fut achevé au mois de mai 1894.

Le classement des Archives municipales de Bernay, comme aussi des recherches faites dans les dépôts publics de Paris avaient permis à notre confrère de recueillir une foule de notes et de documents relatifs à l'époque révolutionnaire. Il y puisa la matière de plusieurs études que leur étendue ne nous permet pas d'analyser : 1° *La Société populaire de Bernay ou Club patriotique en 1790 ;* 2° *Le culte théophilanthropique à Bernay ;* 3° *Recueil de documents pour servir à l'histoire de Bernay pendant la Révolution,* en deux parties formant ensemble 790 pages ; 4° une notice très étudiée sur le conventionnel *Jean-Michel Duroy,* né à Bernay. M. Malbranche relève avec une grande impartialité, je dirais presque avec sympathie, les qualités réelles, les sentiments ordinairement modérés de ce montagnard qui valut beaucoup mieux que le parti violent et sanguinaire auquel il s'était inféodé.

Sous le titre de variétés nous classerons quelques autres manuscrits laissés par M. Malbranche.

La Métallurgie dans l'Eure rappelle une industrie fort ancienne et qui a prospéré à travers les âges, notamment dans le pays d'Ouche si riche en minerai de fer.

En 1644, une verrerie avait été établie à Beaumont-le-Roger, ou plutôt dans le faubourg de Vielles, par le sieur de Bray et son associé, noble homme Pierre Lefranc, curé de Vielles. M. Malbranche raconte les vicissitudes de cette verrerie qui ne tarda pas à être occupée par Charles-François de Cacqueray, l'un de ces gentilshommes auxquels Louis XIV reconnut le privilège de maîtres-verriers.

Ce que disent les cloches ou Épigraphie campanaire du canton de Bernay, est un important travail renfermant, outre les noms des fondeurs, d'utiles renseignements fournis par les inscriptions sur les parrains et marraines appartenant le plus souvent à des familles nobles de la région, et dont les blasons sont reproduits par l'auteur. Ce mémoire obtint une mention honorable au concours pour le prix Lucien Fouché, en 1893.

Le 21 février 1795 paraissait à Bernay le premier numéro du *Journal des Campagnes*; les abonnements étaient reçus chez Dalandon, libraire, rue du Commerce. La rédaction se proposait « de servir de guide à l'opinion « publique, d'assurer le développement et l'action de la « souveraineté du peuple, et de marcher à la régénéra- « tion politique du pays ». La tâche parut lourde, sans doute, car dès le 16 mai suivant le journal cessait de paraître. De curieux extraits empruntés à cette feuille donnent un reflet assez fidèle de l'état des esprits après la Terreur. Dans un autre opuscule, *L'Art typographique* à *Bernay*, M. Malbranche fait une revue du journalisme local à travers le xixe siécle.

Sous le titre *Quelques mots de sigillographie concernant notre histoire locale*, notre confrére étudie les types divers des sceaux adoptés soit par la ville de Bernay depuis la fin du xviie siécle, soit par le Directoire du district, la Justice de paix, la Société des amis de la Constitution, la Société républicaine de Chambrais et la Société populaire de Drucourt. Un appendice est consacré au sceau maçonnique de la Loge de la Réunion intime de Bernay ; on y a joint l'analyse du Règlement de la Loge, imprimé à Evreux en 1811.

A la sigillographie il convient de rattacher une intéressante *Note sur les cachets à devises*. M. Malbranche possédait une collection de 25 cachets en forme de disques épais, gravés des deux côtés, et qui étaient renfermés dans un étui portant à l'une de ses extrémités : *Brasseux, graveur bréveté du Roi. Palais-Royal, 33*. Brasseux devait vivre à l'époque de la Restauration.

En dehors de ces divers travaux achevés, M. Malbranche avait recueilli un grand nombre de notes relatives à l'abbaye de Bernay, aux comptes de fabrique de Sainte-Croix et de la Couture, à diverses Charités, aux rues et places de la ville, aux anciennes auberges et hôtelleries, aux fortifications, aux règlements de police, aux corporations, etc. Cette masse de papiers, remplis d'une écriture fine et compacte, suppose une immense lecture.

Pour se distraire et se reposer de ses travaux, M. Malbranche s'était adonné au dessin et à la peinture ; il n'eut jamais, sans doute, à ce sujet de grandes prétentions ; c'était un simple délassement qu'il demandait à son pinceau. Des armoiries peintes à l'aquarelle avec une finesse extraordinaire accompagnent les recherches généalogiques qu'il avait entreprises sur quelques familles nobles de l'arrondissement de Bernay.

Travailler, pour notre confrére, c'était la vie même ; il

avait toujours la plume ou le crayon à la main, et c'était
bien à lui que pouvait s'appliquer l'adage ancien : *nulla
dies sine linea.*

Un décret du Président de la République, en date du
12 juillet 1899, avait décidé que l'honorariat pourrait être
conféré aux greffiers des Tribunaux de Commerce ; M.
Malbranche fut le premier à bénéficier de cette disposi-
tion, et le 25 novembre suivant, un décret présidentiel le
nommait greffier honoraire. Tous ses collègues et ses amis
applaudirent à une distinction si bien méritée. Celle-là,
du moins, venait à son heure. Mais il en était une autre
que l'on s'est étonné, à bon droit, de ne point voir accor-
dée à un homme d'honneur et de bien que l'éminence et
la durée des services rendus, la dignité de la vie met-
taient au premier rang de ses concitoyens. M. Malbranche y songeait-il lui-même ? Il n'en parla jamais, se re-
mémorant cette grande parole de nos Livres Saints qui
convenait si bien à son caractère modeste et désintéressé :
Mourons dans la simplicité de notre vie, *moriamur in
simplicitate nostrâ.*

Il demeura donc, jusqu'à la fin, dans le silence et le
recueillement de sa laborieuse retraite, entouré de ses
livres, toujours affable à ses amis, conservant au milieu
de ses pénibles infirmités le calme et la sérénité du sage
et du chrétien. Et il a quitté ce monde (1), soutenu par
les convictions de sa foi, consolé par les espérances et les
grâces d'une religion à laquelle il était profondément attaché, achevant dans une sainte mort une longue carrière
dignement remplie, et vraiment admirable par les hautes
leçons de droiture, de modestie et d'infatigable labeur
qu'elles nous a laissées.

______

(1) Le 31 décembre 1903.

BIBLIOGRAPHIE

—

1° *Notice sur l'Hospice de Bernay (Eure).* Évreux, 1861 ; in-8°, 112 pages.

2° *Situation administrative et financière des Hospices de Bernay, Brionne et Harcourt.* 1869.

3° *Notice sur l'ancien couvent des Pénitents de Bernay (Eure).* Rouen, 1869 ; in-8°, 80 pages.

4° *Note sur la Bibliothèque publique de Bernay.* Bernay, 1872 ; in-8°, 12 pages.

    M. Malbranche a rédigé le Catalogue de la Bibliothèque auquel cette note sert d'introduction. *(Catalogue de la Bibliothèque de la ville de Bernay (Eure).* Bernay. 1878 ; in-8°, 293 pages.

5° *Bernay pendant l'insurrection de mars 1792.* Bernay, 1873 ; in-8°, 22 pages.

6° *Rapport sur l'ouvrage de M. Boivin-Champeaux,* Premier Président de la Cour d'Appel de Bourges, intitulé *Notice sur Roger le Grand, évêque de Salisbury, premier ministre d'Angleterre au XII° siècle.* Bernay, 1880 ; in-8°, 20 pages.

7° *Bréant, sa vie et ses œuvres.* Bernay, 1881 ; in-8°, 37 pages.

    Cette étude sert d'introduction aux œuvres de J.-P. Bréant publiées par M. Malbranche, sous les auspices de la Société libre de l'Eure, Section de Bernay ; 1 vol. in-8° de 401 pages.

8° *Notice inédite sur la ville de Bernay et son arrondissement.* Les Andelys, 1882 ; in-8°, 4 pages.

    C'est l'avant-propos du tirage à part de l'article du Dictionnaire historique de Charpillon et Caresme relatif à Bernay.

9° *Rapport sur la Notice de M. l'Abbé Porée,* intitulée *L'Abbaye du Bec au XVIII° siècle.* Bernay, 1883 ; in-8°, 19 pages.

10° *Causerie à propos de quelques Anciens du vieux Bernay.* Bernay, 1884 ; in-8°, 26 pages.

11° *Rapport sur l'ouvrage de M. Boivin-Champeaux,* Premier
Président en retraite, intitulé *Notice sur Guillaume de
Long-Champ, évêque d'Ely, vice-roi d'Angleterre.* Bernay,
1885 ; in-8°, 19 pages.

12° *Un procès de chasse au XVIII° siècle.* — *L'abbé de Bernay
contre l'avocat Féral.* Bernay, 1886 ; in-8°, 31 pages.

13° *Languet de Gergy, abbé commendataire de Bernay de 1745
à 1750.* Bernay, 1887 ; in-8°, 31 pages.

14° *L'abbé Bessin, curé de Plainville, près Bernay, et ses cor-
respondants.* Bernay, 1889 ; in-8°, 39 pages.

OUVRAGES MANUSCRITS

1° *Les Religieuses hospitalières de Bernay.* 62 pages.
   Statuts et règles de leur communauté (1747) ; liste des
   sœurs, des novices et des postulantes depuis 1697 jusqu'en 1809.

2° *La Société populaire de Bernay, ou Club patriotique en
1790.* 245 pages. Janvier 1890.
   Liste des membres de la Société en 1794.

3° *Recueil de notes et documents pour servir à l'histoire de
Bernay pendant la Révolution.* Première partie : *Depuis la
Convocation des Etats-Généraux en 1789 jusqu'à la fin de
1792.* 449 pages. — Deuxième partie : *De 1793 au retour du
roi en 1815, avec table générale.* 341 pages. Septembre
1890.

4° *Quelques notes sur l'église de Notre-Dame de la Couture de
Bernay à propos d'une rareté bibliographique.* 28 pages.
1er mai 1891.
   Il s'agit de l'*Abrégé des miracles de Notre-Dame de la
   Couture de Bernay,* par M. Bertre. A Rouen, 1667. (Bi-
   bliothèque de Bernay).

5° *L'écusson mutilé de l'imposte du grand portail de l'ancienne
église abbatiale de Bernay, avec quatre dessins d'écussons.*
6 pages. Juin 1891.

6° *Quelques mots de sigillographie concernant notre histoire locale*, et accessoirement quelques *notes sur la Loge franc-maçonnique de Bernay à l'occasion du sceau particulier de cette loge*. Reproduction de vingt-six sceaux, cachets ou vignettes dans le texte. 63 pages. Décembre 1891.

7° *Comment le couvent des Bénédictins est-il devenu propriété de la ville ?* 5 pages. Février 1892.

8° *Etude sur Durey, le conventionnel de l'Eure, avec un appendice de pièces justificatives*. 233 pages. Juillet 1892.

9° *Questions de banalité : Le four banal de Broglie ; La verte moute*. 53 pages. Avril 1893.

10° *L'Art typographique à Bernay, ou Recherches sur les livres, journaux et écrits périodiques imprimés ou publiés a Bernay*. 63 pages. Mai 1893.

11° *Le Concile de Brionne en 1050 et l'hérésiarque Bérenger*. 27 pages. Août 1893.

12° *Simples notes pour servir à l'histoire des Cordeliers de Bernay, avec la liste chronologique des gardiens du couvent*. 77 pages. Novembre 1893.

13° *Ce que disent les cloches. Epigraphie campanaire du canton de Bernay*, avec nombreux dessins d'armoiries, la liste des familles nobles dont les armoiries sont reproduites, et celles des fondeurs de cloches dont les noms se rencontrent dans ce travail. 218 pages. Mars 1893.

14° *Dictionnaire topographique et historique de l'arrondissement de Bernay divisé par cantons*. 905 pages. Mai 1894.

Important travail où l'auteur a indiqué les anciennes divisions administratives, religieuses et judiciaires, les noms des seigneurs, les fiefs en dépendant, les nems de leurs propriétaires, les établissements anciens, les événements notables, les hommes célèbres.

15° *Une Famille normande au XI° et au XII° siècles. Les Giroie, seigneurs d'Echauffour et de Montreuil*, avec généalogies. 119 pages. 1895.

16° *Le Culte théophilanthropique à Bernay, suivi d'une Note sur le même culte à Courbépine*. 25 pages. 1895.

17° *Liste des curés de la paroisse Sainte-Croix depuis 1390 jusqu'à nos jours.* 21 pages. 1895.

18° *Le Calvaire du Mont-Milon.* 8 pages. Mars 1896.

19° *Note sur les cachets à devises et particulièrement sur ma collection.* 10 pages. 1896.

20° *Le Journal des Campagnes, publié à Bernay en 1795.* 22 pages. Juillet 1897.

21° *Le Couvent de la Comté,* ou *les Religieuses Augustines de Notre-Dame de Bernay.* 76 pages. Novembre 1897.

22° *La Métallurgie dans l'Eure.* 61 pages. 20 janvier 1898.
Forges et fonderies de Chambrais, Ferrière-Saint-Hilaire, Camfleur-Courcelles, Rugles, Le Fidelaire, La Ferrière-sur-Risle, Moulin-Chapelle, Gissay-la-Coudre, Sainte-Marguerite-en-Ouche, Bourth, Verneuil, Breteuil, Condé-sur-Iton, Conches, Evreux, Romilly-sur-Andelle.

23° *La Verrerie de Beaumont-le-Roger.* 51 pages. Mars 1898.
Historique de cet établissement depuis 1644.

24° *Les Ermitages de l'arrondissement de Bernay.* 37 pages. Avril 1898.

25° *La Sépulture de Judith de Bretagne, femme de Richard II, fondatrice de l'abbaye de Bernay.* 59 pages.

26° *La Loi du maximum à Bernay.* 13 pages.

Brionne. — Imprimerie E. Amelot.